25244

MONTÉZUME,
A CORTEZ;
ELISABETH
DE FRANCE,
A DON CARLOS;
HÉROÏDES NOUVELLES.

Par M. DE LA HARPE, *Auteur de la Tragédie du Comte de Warwick.*

A PARIS,

Chez CAILLEAU, Libraire, rue S. Jacques, vis-à-vis les Mathurins, à S. André.

M. DCC. LXIV.

ESSAI
SUR
L'HÉROÏDE
EN GÉNÉRAL.

'HEROÏDE n'est autre chose qu'une Epître héroïque, comme le terme lui-même le désigne. Suivant cette définition, elle est susceptible de tous les sentimens qui animent la Tragédie. L'amour & la haine, la générosité, la fureur, la fermeté, le désespoir, peuvent s'y peindre tour à tour; & après le genre dramatique, je n'en connais point qui prête davantage au développement des passions, premier ressort du

grand art des vers, qui n'est que l'art d'émouvoir.

Ovide fut l'inventeur de ce genre de Poësie, qui nous met sous les yeux les situations les plus touchantes, avec toute la chaleur qu'elles peuvent avoir dans la bouche des personnages intéressés. On trouve dans les Héroïdes de ce Poëte beaucoup d'intérêt, un style en général vif & naturel; mais des redites, des longueurs, quelquefois trop d'esprit, défaut ordinaire d'Ovide, dans tout ce qu'il nous a laissé. Ajoutez à cela la monotonie continuelle des sujets. Ce sont presque toujours des Amantes malheureuses & abondonnées. C'est Phillis à Démophoon, Didon à Enée, Hypsipile à Jason, Dejanire à Hercule, Œnone à Paris, Sapho à Phaon, &c. &c. On sent le dégoût que peut inspirer cette suite de plaintes, de reproches, de regrets, qu'on revoit sans cesse ; il est difficile de lire plusieurs de ces piéces avec un plaisir continu ; & je doute qu'un livre d'Héroïdes françaises dans ce goût, pût jamais réussir, fût-il écrit comme Zaïre & Bérénice.

Il faut convenir cependant qu'Ovide employe toute la fécondité de son génie, à varier les détails dans un fond aussi uniforme. Il y répand cette éloquence du cœur, où le génie seul peut atteindre, & qui n'est bien sentie que par le génie. J'en citerai quelques endroits que j'ai hasardé de traduire, pour donner une idée de son style en ce genre. Dans la seconde, qui m'a paru une des mieux faites, Phillis, fille d'Acaste, abandonnée par Démophoon, fils de Thésée, lui rappelle tous les artifices, dont il s'est servi pour la rendre sensible.

Credidimus blandis, quorum tibi copia, verbis.
   Credidimus generi nominibusque tuis:
Credidimus lacrimis. An & hæ simulare docentur?
   Hæ quoque habent artes, quâque jubentur eunt!

. . . .
. . . .

Fallere credentem non est operosa puellam
   Gloria. Simplicitas digna favore fuit.
Sum decepta tuis, & amans & fœmina, verbis.
   Dii faciant, laudis summa sit ista tuæ:
Inter & Ægidas mediâ statuaris in urbe:
   Magnificus titulis stet pater ante suis.
Cum fuerit Sciron lectus, toruusque procustes,

Et finis, & tauri mixtaque forma viri;
Et domitæ bello Thebæ, fusique bimembres,
Et pulsata negri regia cæca Dei:
Hoc tua post illum titulo signetur imago :
Hic est cujus amans hospita capta dolo est.

J'en ai cru tes discours, & tes trompeurs sermens,
Et ton sang & ton nom trop fragiles garans,
Et tes larmes enfin... Ah ! devais-je les craindre ?
Quoi ! tout, jusques aux pleurs, a-t-il appris à feindre ?
Est-ce un art de pleurer....
 Tu me trahis, ingrat, tu me laisses mourante !
Ah ! l'effort n'est pas grand de séduire une Amante !
J'étais femme & sensible : il t'en a peu couté.
Une autre aurait rougi de ma crédulité.
Mais puisse être du moins cette indigne victoire,
Le titre le plus beau dont s'illustre ta gloire.
Que dans les murs d'Athêne & parmi ces Héros,
Dont le marbre & l'airain consacrent les travaux,
Démophoon s'éleve auprès du grand Thésée.
On verra d'un côté, dans Thébes embrasée,
Aux pieds de son vainqueur, tout un peuple à genoux,
* Les fils affreux du Ciel, expirans sous ses coups,
** Ce Monstre, enfant du crime, & nourri de carnage,
Opposant à ses traits une impuissante rage,

---

 * Les Centaures, enfans des Nuées.
 ** Le Minotaure.

Son bras victorieux, rassurant l'Univers;
Et la terreur portée au trône des Enfers.
Et d'un autre côté, tes exploits & ton ame,
Se liront dans ces mots: au vainqueur d'une femme.

Le commencement de la onziéme, est d'une rapidité sublime. C'est Déjanire qui reproche à Hercule sa foiblesse pour Iolès.

Gratulor Hæcaliam titulis accedere nostris:
    Victorem victæ succubuisse queror,
Fama pelagiadas subitó pervenit ad urbes,
    Decolor, & factis inficianda tuis;
Quem nunquam Juno seriesque immensa laborum
    Fregerit huic Iolen imposuisse jugum.
Hoc velit Euristeus, velit hoc germana Tonantis,
    Lætaque sit vitæ labe noverca tuæ,
At non ille velit &c.

Tu triomphes enfin, je prens part à ta gloire;
Mais mon époux, dit-on, a souillé sa victoire,
Aux loix d'une captive un Héros obéit:
Je l'ai sçu, je m'en plains, & la Grece en gémit.
Une femme a dompté ce courage invincible.
Sans doute ta maratre, & ton frere inflexible,
S'empressent d'applaudir à ces honteux récits:
Mais le maître des Dieux va rougir de son fils.

Dans la treiziéme, Laodamie, écrivant à

Protesilas, son amant, parti pour la guerre de Troye, lui fait une peinture très-vive de ses regrets & de ses allarmes. Elle aime, elle craint pour lui; elle s'exprime ainsi dans ces Vers si naturels.

Hectora nescio quem timeo. Paris Hectora dixit,
    Ferrea sanguineâ bella movere manu.
Hectora, quisquis is est, si sum tibi cara, caveto.
    Signatum memori pectori nomen habe.
Hunc ubi vitaris, alios vitare memento,
    Et multos illic Hectoras esse puta;
Et facito dicas, quoties pugnare parabis:
    Parcere me jussit Laodamia sibi.

Ah! peins-toi mes frayeurs, tout m'allarme & m'accable.
Je tremble... on m'a parlé d'un Hector redoutable...
Crains Hector, quel qu'il soit, crains les autres encor,
Que tout guerrier enfin pour toi soit un Hector.
Je ne sçais; mais ce nom me glace d'épouvante.
Un glaive inévitable arme sa main sanglante...
Songe à ce nom fatal, songe à mon juste effroi,
Et souviens-toi toujours & d'Hector & de moi.

M. de Fontenelle, estimable, sans doute à bien des égards, a tenté presque tous les genres de Poësie, parce qu'il n'était né pour aucun. Il nous a laissé quelqu'Héroïdes. Elles sont ignorées

ignorées & méritent de l'être. C'est je ne sçai quelle Dibutadis, qui dit à Polémon.

Une nouvelle joie & que je veux t'écrire,
Tient mon esprit tout occupé.

C'est Arisbe qui dit au jeune Marius :

Combien avant votre sortie,
Un demi-jour m'eût-il duré sans vous parler !
Et maintenant les mois, & les ans & ma vie,
Tout sans vous, tout va s'écouler.

C'est Cléopatre qui dit à Auguste en parlant de Marc-Antoine :

Combien me jura-t-il qu'il changerait sans peine
Tant d'honneurs, de respects & d'applaudissemens,
Contre un des tendres soins dont j'étais toujours pleine;
Contre mes doux empressemens.

. . . .

Ses manières, son air, tout était d'un grand homme,
L'ame encor plus, & je l'aimai.

Tout le reste est à peu près dans ce style. On doit cependant connaître assez M. de Fontenelle, pour croire qu'il y a répandu beaucoup d'esprit ; mais l'esprit ne fait point les bons Vers.

B

On doit fçavoir gré à l'Auteur d'Héloïfe, d'avoir réffufcité un genre oublié parmi nous. Il a ouvert la carrière, & a fait les premiers pas avec honneur. Ses effais ont engagé à relire Ovide. Cette lecture a fait naître une réflexion; la réflexion feule hâte le progrès des Arts. Il femble qu'on ait confacré l'Héroïde uniquement à l'Amour. C'eft refferrer dans des limites trop étroites, un genre qui peut s'étendre bien plus loin. C'eft fe défendre la peinture de ces momens terribles, de ces paffions fougueufes, de ces fermetés défefpérées, que la Poëfie pourrait dérober à l'hiftoire. Tantôt ce ferait une intrépidité tranquille ; & Charles I. adreffant fes dernières paroles à fon fils, pardonnerait à fon peuple, & dévouerait Cromwel à la vengeance des Rois & du Ciel : tantôt ce ferait un courageux défefpoir, & Caton écrivant à Céfar, avant de fe donner la mort, déploierait cette ame indomptable, élevée au-deffus des revers, au-deffus du monde & de Céfar : tantôt ce ferait l'inflexibilité d'une haine nationale ; & Annibal, reprochant à

Flaminius sa lâche persécution, mourrait plein d'horreur pour les Romains, & fier de la haine qu'il leur avait inspirée. Enfin il me semble qu'un livre d'Héroïdes de ce genre, formerait une galerie brillante, où l'esprit se promènerait avec plaisir, & verrait tour à tour les mœurs des Nations, le caractère des grands hommes, & les mouvemens de tant de passions différentes, revêtus des couleurs de la Poësie. Si ce plan, dont les deux Héroïdes suivantes vont donner une esquisse, paraît capable de réussir, l'Auteur ferait tous ses efforts, pour approcher au moins de l'idée qu'il s'en est formée.

Je ne m'étendrai point sur les pièces qui suivent. Les personnages en sont connus, on sçait que Montézume forcé de plier sous la Puissance Espagnole, dissimula sa haine contre ses Tyrans. Cortés pressé par les Méxiquains, obligea l'Empereur à paroître sur les murs de son palais, pour appaiser leur furie. Ce Prince infortuné fut blessé d'un coup de pierre par un de ses Sujets; il mourut trois jours après en *implorant*, dit M. de Voltaire, *la vengeance du Ciel contre les usurpateurs*, sans vouloir entendre aux propositions qu'on lui fit de recevoir le Baptême. C'est dans cet instant qu'il est supposé écrire à Cortés. Le moment, le sujet, le personnage sont interéssans. On jugera de l'exécution.

L'éloquent Abbé de S. Réal, a rendu célèbres les amours & les malheurs de Dom Carlos, Infant d'Espagne. Il devait épouser Elisabeth de France. Les choses changèrent, & Philippe II. son pere, épousa lui-même cette Princesse, que l'Infant fut chargé d'aller recevoir. Un an après ce mariage, Dom-Carlos pensa périr à Alcala, d'une chûte de cheval; il fit porter ses derniers adieux à la Reine, qui n'étant plus maîtresse d'elle-même, écrivit une lettre où respirait tout l'amour, qu'elle avait caché jusqu'alors au Prince qui l'adorait, & à qui elle croyait parler pour la dernière fois. L'Infant guérit; & cette lettre fatale, trouvée dans ses papiers, fût dans la suite une des principales causes de sa mort.

MONTEZUME
EMPEREUR
DU
MÉXIQUE
A
CORTES,
GÉNÉRAL ESPAGNOL.
HÉROÏDE.

MONTÉZUME
A
CORTES,
HÉROÏDE.

NFIN de tes forfaits tu recueilles le fruit,
Tu règnes, je succombe, & Mexique est détruit.
Ah ! je l'ai mérité : ma faiblesse est mon crime.
J'ai souffert tes fureurs, & j'en suis la victime.
J'expire dans le piége, où tu m'as sçu plonger,
Frappé par mes Sujets, que j'aurais dû venger.
Toi seul armas leur main... ma rage se rallume,
A ses derniers momens reconnais Montézume,
Reconnais-moi terrible, implacable, indigné,
Redemandant le sang, où ton bras s'est baigné.

Redoute cet inſtant où mon malheur m'inſpire.
Tout s'affaiblit en moi, mais ma haine reſpire.
Ma haine me ſuffit : Tyran, frémis d'horreur.
Le Méxiquain mourant fait trembler ſon vainqueur.
Son vainqueur ! toi ! Cortés ! ô comble d'infamie !
Ah ! Peuple trop cruel, qui m'arraches la vie,
J'ai vu ton repentir : partage mes tranſports,
* Ton Prince à tes fureurs connaîtra tes remords.
Va; vole vers Cortés, & parmi le carnage,
Réunis ſur lui ſeul tout l'effort de ta rage.
Ne cherche que Cortés, d'un bras déſeſpéré,
Plonge cent fois le fer dans ſon cœur abhorré.
Qu'il ſoit traîné vers moi, que ma vue expirante,
Se ranime à l'aſpect de ſa tête ſanglante...
Mais, que dis-je ? arrêtez, Méxiquains malheureux!
Hélas ! aſſez de ſang a coulé dans ces lieux.
Faut-il donc que toujours la foudre ſe rallume.
Laiſſez-moi des Sujets, qui pleurent Montézume,
Et n'allez plus chercher dans ces affreux combats,
Le funeſte plaiſir de courir au trépas.

---

* Ce Vers ſera, ſi l'on veut, une réminiſcence de celui-ci de Phédre :

   Théſée à tes fureurs connaîtra tes bontés.

Il m'était facile d'en ſubſtituer un autre ; mais je doute qu'on me ſçache mauvais gré de ne l'avoir pas fait.

Déja

Déja le mien s'approche, & je le vois sans crainte.
Je meurs frappé par vous d'une fatale attente.
Je vous pardonne hélas! & je pleure sur vous:
Je ne vois que vos maux, en tombant sous vos coups.
Quel spectacle effrayant vient s'offrir à ma vuë!
Sur mes derniers instans, quelle horreur répandue!
Palais de mes Ayeux, séjour ensanglanté,
Trône de la grandeur, si long-tems respecté,
Lieux, où je vois régner un ennemi barbare,
Où triomphe Cortès, où ma mort se prépare,
Murs, qui ne m'offrez plus que mes Sujets mourans;
En tombant sur ma tête, écrasez nos Tyrans.
O gloire du Méxique! ô Puissance abaissée!
Splendeur de cet Empire, en un jour éclipsée!
Malheureux Méxiquains! je vous laisse des fers,
Et le deuil de la mort couvre cet Univers.
Il vous faut donc choisir la honte ou les supplices!
Vous servez du vainqueur les orgueilleux caprices :
Vos jours sont dans ses mains, vos périls, vos travaux
Enrichissent un peuple, artisan de vos maux.
Tyrans! quel est leur crime, & quel droit est le vôtre?
Ce monde est-il l'opprobre & l'esclave de l'autre?
Non, vous n'eûtes jamais, barbares destructeurs,
Que les droits des brigans, le fer & vos fureurs;
Et vous n'avez sur nous, que le triste avantage,
D'avoir approfondi l'art affreux du carnage
Et vous osez encor nous vanter votre Dieu!

Et quel est-il, ô Ciel ! en quel sauvage lieu,
Ce génie annoncé par de sanglants ravages,
Ce Dieu des Espagnols, trouve-t-il des hommages ?
Ou vous n'en avez point, ou votre Dieu, cruels,
C'est l'or de ces climats, teint du sang des mortels.
Que parlez-vous d'Enfer, de Ciel & de Justice ?
L'Enfer est dans ces feux, qu'un fatal artifice
Sçait créer pour vous seuls, & fait tomber sur nous.
* Et le Ciel est par-tout où l'on est loin de vous.
Va, laisse-moi, Cortès, cesse de te promettre,
Qu'à ta réligion je puisse me soumettre.
Autant que tes fureurs, je déteste ta loi,
Et le Dieu des Tyrans est un monstre pour moi.
Ah ! j'invoque aujourd'hui non cette Idole vile, **
A qui ce peuple rend un hommage imbécile,
Ce phantôme adoré par d'aveugles mortels,
Et qui laisse écraser ce monde & ses autels :
Non, ce Dieu du carnage & de la tyrannie,
Qui te prêta sa foudre, & servît ta furie,
Mais cet Etre puissant, ce Dieu de l'avenir,
Ce Dieu que je conçois, sans l'oser définir,
Lui, dont le malheureux, au sein de l'innocence,
Embrasse avec plaisir, & chérit l'existence,

---

* *C'est la pensée de Guattmosin, qui ne vouloit pas aller dans le Ciel, parce que les Espagnols y alloient.*
* *L'Idole de Visilipustli.*

Juge, que tout forfait doit sans doute outrager ;
Cet Etre, quel qu'il soit, est fait pour me venger.

Toi donc, ô Dieu des Cieux ! dont la main souveraine
Des destins & des tems conduit l'immense chaîne,
Toi qui vois d'un même œil tous ces êtres divers,
Dispersés aux deux bouts de ce vaste univers :
N'as-tu près de ce monde, où je régnais sans crainte,
Creusé de tant de mers l'impénétrable enceinte,
Qu'afin que ces brigans, de rapine altérés,
Forçâssent ces remparts, par tes mains préparés.
Du moins entends ma plainte, & mes cris légitimes.
Venge-toi, venge-nous ; que nos brillants abîmes
Entr'ouvrent des tombeaux sous ces monstres pervers,
Qu'en cherchant les trésors, ils trouvent les enfers.
Que la mer, dont leur art croit dompter les caprices,
Engloutisse avec eux leurs frêles édifices :
Ou s'il faut qu'en Europe ils retournent jamais,
Puisse l'or de ces lieux y porter les forfaits !
Puisse-t-il y semer, pour leur juste supplice,
Tous les fruits détestés que produit l'avarice,
Les désirs effrénés, la pâle avidité,
La discorde, la haine & l'infidélité.
Que d'autres Nations, par l'espoir attirées,
Viennent leur disputer ces fatales contrées.
Que ce monde, couvert de leurs drapeaux flottans,
S'abbreuve avec plaisir du sang de ses tyrans.

* Que Cortès avili, trahi par la fortune,
Pleure sur ses forfaits, & sur notre infortune.
Voilà le seul espoir qui flatte mes douleurs.
Oui, je serai vengé, je l'espére... je meurs.

---

* Cortés fut mal recompensé de ses services.

FIN.

ELISABETH DE FRANCE,

A

DOM-CARLOS,

INFANT D'ESPAGNE.

HÉROÏDE.

ELIZABETH
DE FRANCE,
A
DOM CARLOS,
INFANT D'ESPAGNE.
HÉROÏDE.

'EN eſt donc fait, ô Ciel !... rien ne peut t'attendrir !
Eſt-il vrai !... l'heure approche & Carlos va périr !
Carlos n'eſt plus peut-être, ou du moins il expire.
Carlos ! ah ! cher Amant ! toi pour qui je reſpire,
O toi que j'adorais !... où ſuis-je ? qu'ai-je dit ?
Quoi ! tandis qu'à ſon père un nœud ſacré m'unit,

Pour la premiére fois cet aveu si coupable....
Le seroit-il ô Ciel! & suis-je inexcusable?
La gloire est de se vaincre, & non de se tromper.
Eh! pouvoit-il hélas! ne me pas échapper,
Cet aveu d'un amour si fatal & si tendre?
Pleine de ton trépas, ne pouvant rien entendre,
Ma douleur éclatait : elle eût brisé mon cœur ;
Sçais-je à qui je parlais dans ces moments d'horreur?
Je m'adressais au ciel, à la terre, à moi-même.
Malheur à la beauté, qui trompant ce qu'elle aime.
Indigne de ces feux dont je me sens brûler,
Peut sentir tant d'amour & le dissimuler!
Hélas! l'espoir flatteur d'un heureux himénée,
Nourrissait dans mon sein ma flamme infortunée
Et le Ciel à tes vœux m'arrachant sans retour,
Pour comble de rigueur, m'a laissé mon amour.
Qui peut nous l'envier ce penchant déplorable?
Seul il fait tous les maux, dont l'excès nous accable.
S'il regne dans mon cœur, c'est pour le déchirer.
Et dans quel tems encor l'osai-je déclarer?
Ah! lorsque le trépas par dégrès te consume,
Je vais dans tes regrets mêler plus d'amertume.
Je crois te voir ouvrir d'une tremblante main
Cet écrit, confident de mon triste destin,
Lever avec effort, à cette douce image,
Tes yeux enveloppés d'un funèbre nuage,
Et parcourant ces traits, garans de mon ardeur,

Revivre

Revivre quelque tems, pour sentir ton bonheur,
Baiser avec transport cette lettre chérie,
Jetter en soupirant un regard vers la vie...
Hélas! ton œil mourant, fermé par la douleur,
Sur un affreux tombeau, retombe avec horreur.
Non, Carlos, & le Ciel, & mon amour peut-être
Vont dompter le trépas, & ranimer ton être.
Le germe de la vie en ton sein renaissant,
Au plaisir d'être aimé, va rendre mon amant.
Que dis-je? quand le Ciel attendri par ma plainte,
Loin de toi de la mort écarterait l'atteinte,
L'inflexible vertu, mon hymen, mon devoir,
Ce cœur connu de toi, te deffendent l'espoir...
Oui, n'attends de ce cœur, tyrannisé sans cesse,
Qu'un amour éternel, & jamais de faiblesse.
Tel doit être toujours notre sort rigoureux,
D'aimer, de nous contraindre & de gémir tous deux.
Hélas! contre elle-même assez long tems armée,
Notre ame à ces combats doit être accoutumée.
Tu n'as pas oublié ce jour, ce jour fatal,
Où ce Roi redouté, ton père & ton rival,
Dût recevoir l'épouse à ses vœux destinée.
Tu parûs à mes yeux: incertaine, étonnée,
Je laissai voir mon trouble, & j'apperçus le tien.
Tu vis trop mes tourmens, pour me reprocher rien.
Que l'amour est affreux aux cœurs sans espérance!
L'un de l'autre accablés, dans un morne silence,

D

Pâles & pénétrés d'un désespoir mortel,
Comme on marche au trépas, nous marchions à l'autel.
Toute entière attachée à cet objet horrible,
Tranquille en ma douleur, j'y semblais insensible.
Egaré dans le sein d'un ténébreux repos,
Mon cœur anéanti ne sentait plus ses maux.
Le Roi vint. Quel abord ! & qu'il dût le surprendre ?
Je lui donnai la main, sans le voir, sans l'entendre.
Pour moi dans ce moment tout s'était éclipsé.
Sur toi portant un œil distrait, embarassé,
Je surpris un regard : quel regard ! ah ! ma vuë
De l'abîme où j'entrais, parcourut l'étendue.
Mes pertes, tes regrets, mon joug & ton malheur,
Un coup d'œil me dit tout, & j'en frémis d'horreur.
Que j'ai langui depuis dans un dur esclavage !
Quels efforts ! quels combats ont lassé mon courage !
Qu'il en coûtait au tien ! d'un amour malheureux,
Le fardeau partagé nous accablait tous deux.
Grand Dieu ! qui dans nos cœurs, formés par ta puissance,
Gravâs ce sentiment, ame de l'existence,
Ce mouvement si vif, enfant de nos désirs,
Lien de la nature, & ressort des plaisirs :
As-tu permis hélas ! que ce penchant aimable,
Devint pour les mortels un joug insuportable ?
Se peut-il que l'amour, que ce feu bienfaisant,
Dans les cœurs embrasés, soit un feu dévorant,
Et qu'un présent si beau de ta main fortunée,

Soit de tant de malheurs la source empoisonnée ?
Fait pour te voir aimé, cher Prince, devais-tu
Languir dans tes liens tristement abbatu ?
Tu pouvais, je le sçais, sans danger & sans peine,
Former en cette Cour une plus belle chaîne.
Je voyais cent beautés brulant de t'asservir,
Se flatter que Carlos daignerait les choisir.
La superbe Eboli, qui par-tout adorée,
Etait lasse de vœux & d'encens enyvrée ;
D'un vainqueur tel que toi, prête à s'enorgueillir,
Au-devant de ton cœur s'empressait de courir.
Te l'avourai-je hélas ! je redoutais ses charmes,
Juge de mon amour par ces tendres alarmes ;
Conçois, ah ! garde-toi d'oser en triompher...
Jusqu'où va cette ardeur qu'il me faut étouffer.
Malheureuse ! quelle est cette crainte importune ;
Quand ta mort va bientôt combler mon infortune ?
Dois-je donc aujourd'hui redouter ton amour ?
Laissez-moi mes tourmens, & sauvez-lui le jour,
O Dieu, qui m'entendez, qui lisez dans mon ame,
Dieu, qui nous embrasez d'une funeste flamme.
Ciel, rends-moi mon Amant, & vois mon désespoir ;
Le cri de l'innocence a droit de t'émouvoir.
Qu'il vive, à ma misère, à l'amertume en proye ;
Je chérirai mes maux, pourvu que je le voye.
Et que t'importe hélas ! qu'en ce séjour de pleurs,
Deux malheureux de plus confondent leurs douleurs ?

Vains regrets ! ah ! Carlos, tandis que ton Amante
Eléve vers le Ciel une voix gémissante,
Tes cruels ennemis, des Prêtres imposteurs, *
Du poison de la haine infectent tous les cœurs.
Et le peuple aveuglé par d'indignes ministres,
Contre tes faibles jours forme des vœux sinistres;
Il te croit un objet des vengeances des Cieux.
Non, ils n'entendront point ces cris injurieux;
Ils aiment ta vertu, la haine les outrage.
Ah! sans doute le Ciel confondra tant de rage,
Il n'a point inspiré ce Sénat d'assassins,
Horreur de la raison, du Ciel & des humains.
Sa voix n'a point dicté leurs arrêts détestables,
Et d'un œil de courroux, il voit ces cœurs coupables,
Exerçant en ces lieux un pouvoir destructeur,
A sa bonté suprême imputer leur fureur.
Loin de moi cependant, sans entendre mes plaintes,
Mon Amant du trépas sent déja les atteintes ;
Je vais perdre Carlos !... tout va finir pour moi.
Tu meurs hélas ! tu meurs !... & je vivrai sans toi!
Et le Ciel prolongeant ma triste destinée,
Va m'attacher au jour, captive infortunée.
Je reverrai ces lieux, ces jardins, où tes soins
Trouvaient toujours l'instant de me voir sans témoins.
J'irai revoir encor cet asyle, où ton ame,

* *Les Inquisiteurs étoient ennemis de Dom-Carlos.*

Pour la premiére fois fit éclater sa flamme!
Que la mienne en mon sein excitait de combats!
Et qu'il te fut aisé de ne m'obéir pas,
Quand ma voix faiblement t'ordonnait le silence!
Avec quel intérêt & quelle complaisance,
Je t'appris sur l'hymen, qui t'enlevait ma foi,
Tout, excepté l'amour dont je brûlais pour toi.
C'est d'un tel souvenir que sans cesse remplie,
Je vais traîner le joug d'une pénible vie,
Redoutant mon époux, lui dérobant mes pleurs,
Et lasse de l'hymen, du jour & des grandeurs.
Mais pourquoi t'occuper de ces plaintes amères?
Non, ne les entends point... Carlos! que mes misères,
En ce moment fatal, n'accablent point ton cœur.
Ah! de l'amour heureux sens plutôt la douceur.
Tous tes vœux sont comblés, Elisabeth t'adore,
Je t'aime, je l'ai dit, & je le dis encore.
Je vais de mon Amant m'entretenir toujours,
Ton souvenir me reste, il soutiendra mes jours.
Ton souvenir!... tu meurs... dans d'épaisses ténébres
J'entrevois se former des images funébres.
Qui peut m'environner de ces objets d'horreur?
Tout se couvre à mes yeux des voiles du malheur.
Quels sont donc ces momens, où privés d'espérance,
Nous portons tristement le poids de l'existence?
Que la mienne me pése! ah qu'apperçois-je... hélas!
C'est Carlos étendu sur le lit du trépas!

Carlos!... le jour renaît dans mon ame égarée !
Vois les tourmens affreux dont je suis déchirée,
Carlos, mon cher Carlos!... mes cris sont superflus.
J'ai perdu tout espoir, je ne te verrai plus.
C'en est fait... ah ! du moins si je pouvais encore,
Pour la derniére fois, voir l'objet que j'adore,
Jusques dans Alcala, si je pouvais voler,
Te baigner de mes pleurs, t'entendre, te parler,
Te serrer dans mes bras !... ta malheureuse Amante,
Ne redouterait point la pâleur effrayante,
Empreinte par la mort sur ton front expirant :
Ces traits défigurés sont ceux de mon Amant.
Le Ciel m'a refusé ce plaisir si funeste.
Le malheur & l'Amour, c'est tout ce qui me reste !
Adieu, cher Prince, adieu. Du moins puisse le sort
S'attendrir sur mes maux & m'accorder la mort.
Que bientôt à côté de l'Amant le plus tendre,
Dans un même tombeau, l'on renferme ma cendre.
Ce n'était pas ainsi qu'on devait nous unir.
Oui, je te rejoindrai... je me sens affaiblir.
Le Ciel m'entend, Carlos, & tant d'amour le touche...
Je succombe, & ton nom est encor dans ma bouche.

FIN.

www.ingramcontent.com/pod-product-compliance
Lightning Source LLC
Chambersburg PA
CBHW060542050426
42451CB00011B/1798